This book belongs to

Alphabet

Aa Bb Cc Dd

Ee Ff Gg Hh Ii

Jj Kk Ll Mm Nn

Oo Pp Qq Rr Ss

Tt Uu Vv Ww

Xx Yy Zz

A a

Airplane

A

Bb

Bag

B B B B B B B

B B B B B B B

B B B B B B

b b b b b b

b b b b b b

C c

Car

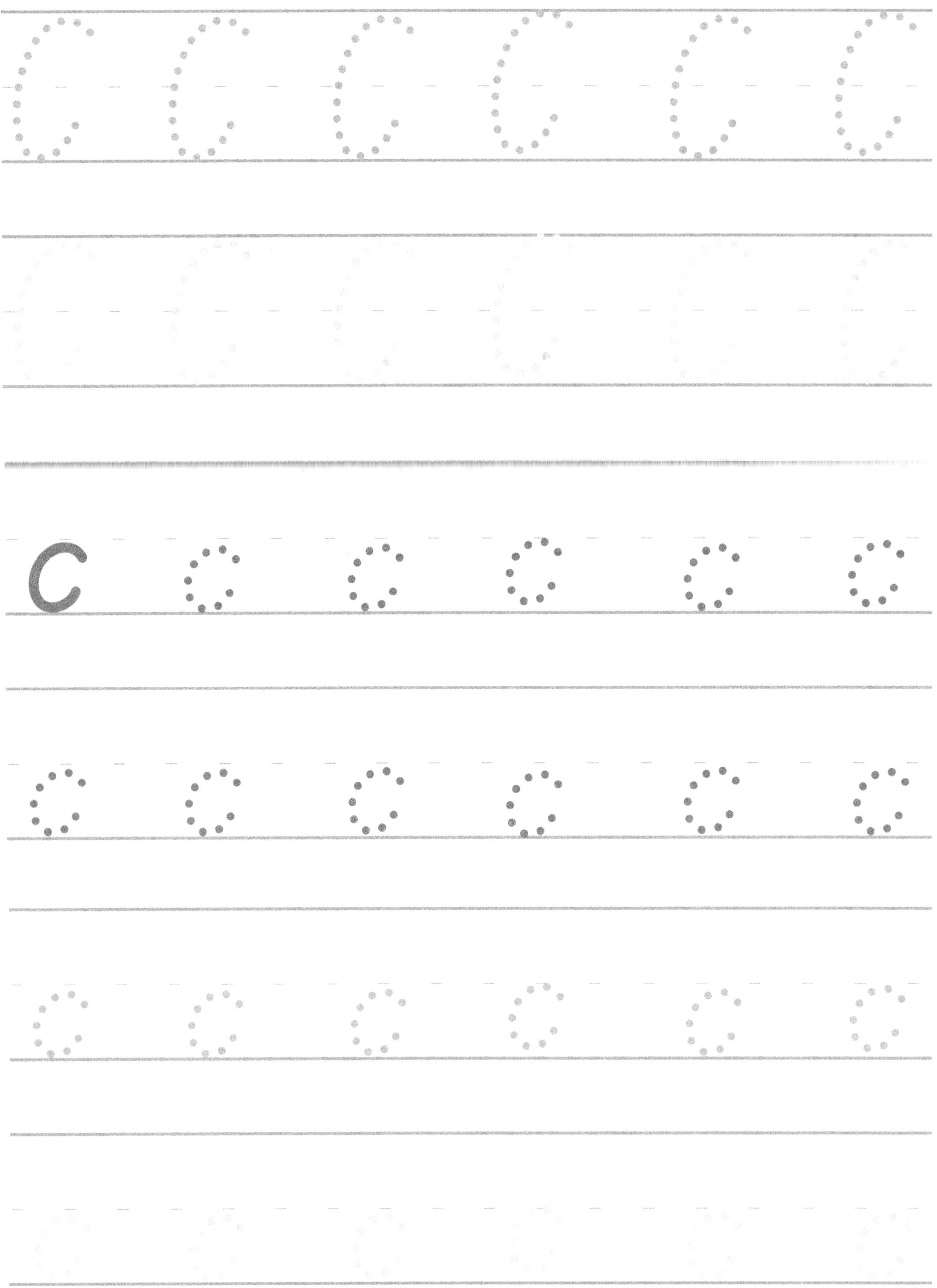

Dd

Dolphin

d

E e

Eagle

F f

Frog

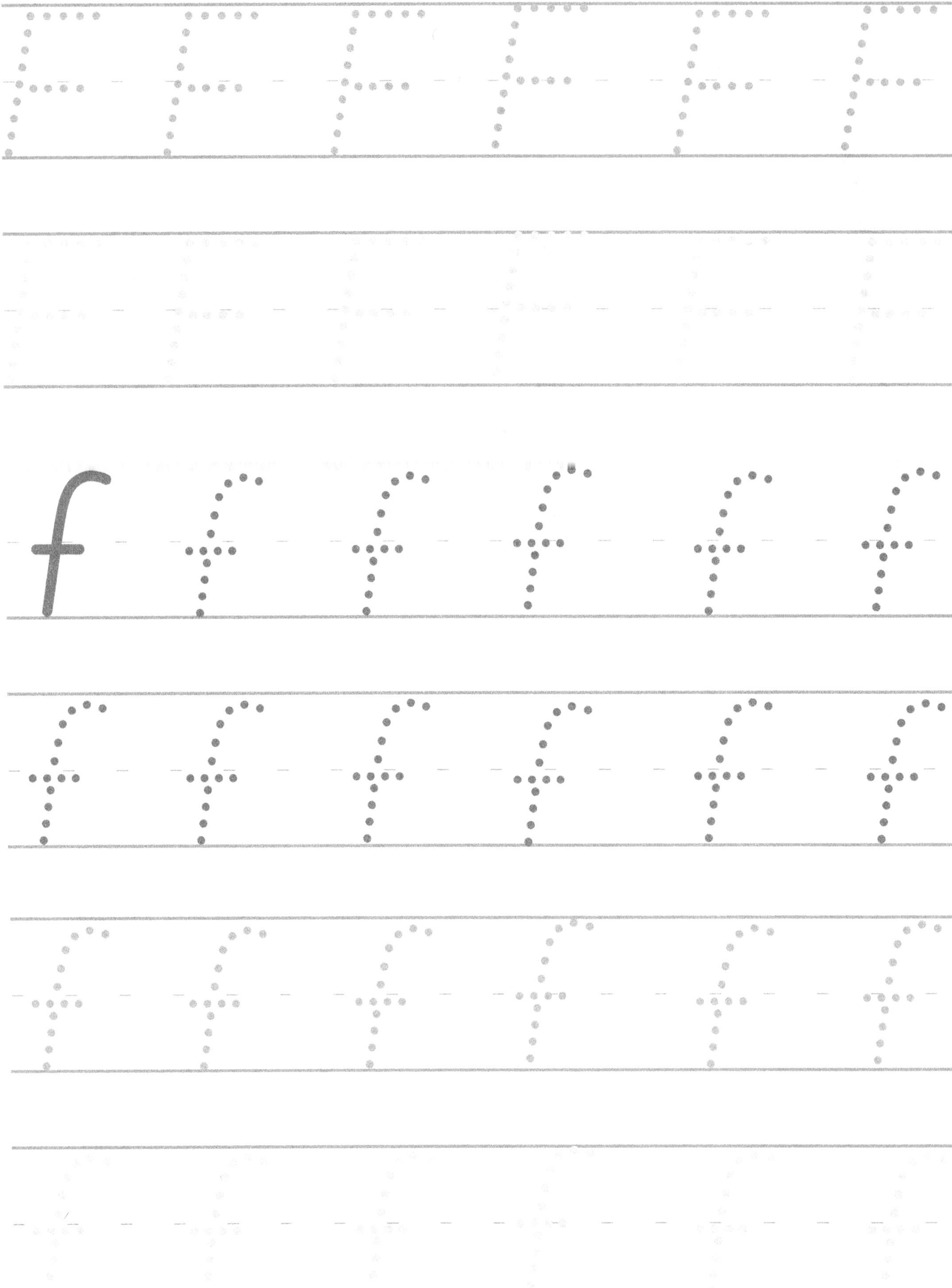

G g

Gift

g g g g g g

g g g g g g

g g g g g g

g g g g g g

Hh

House

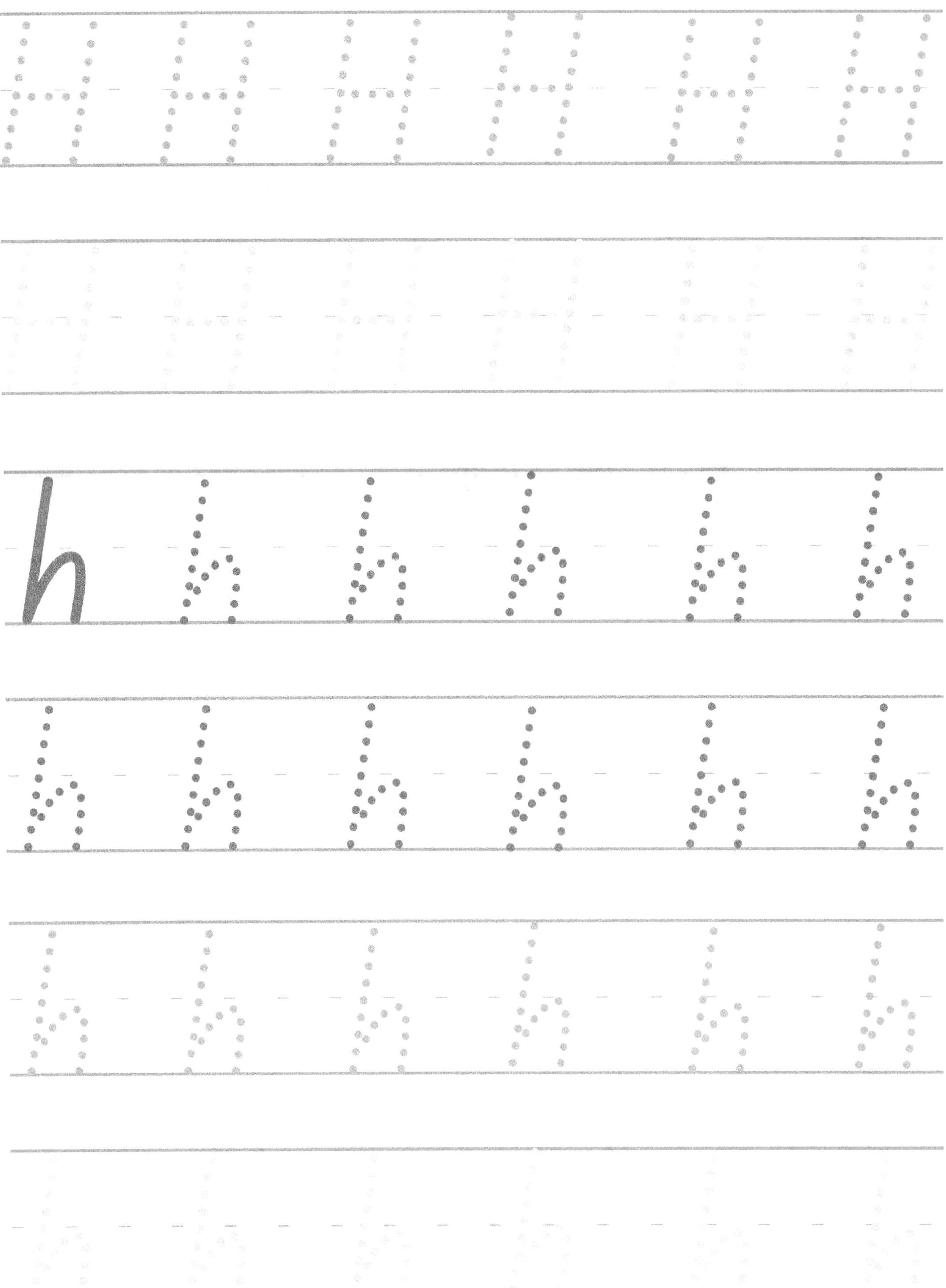

I i

Ice cream

Jj

Jacket

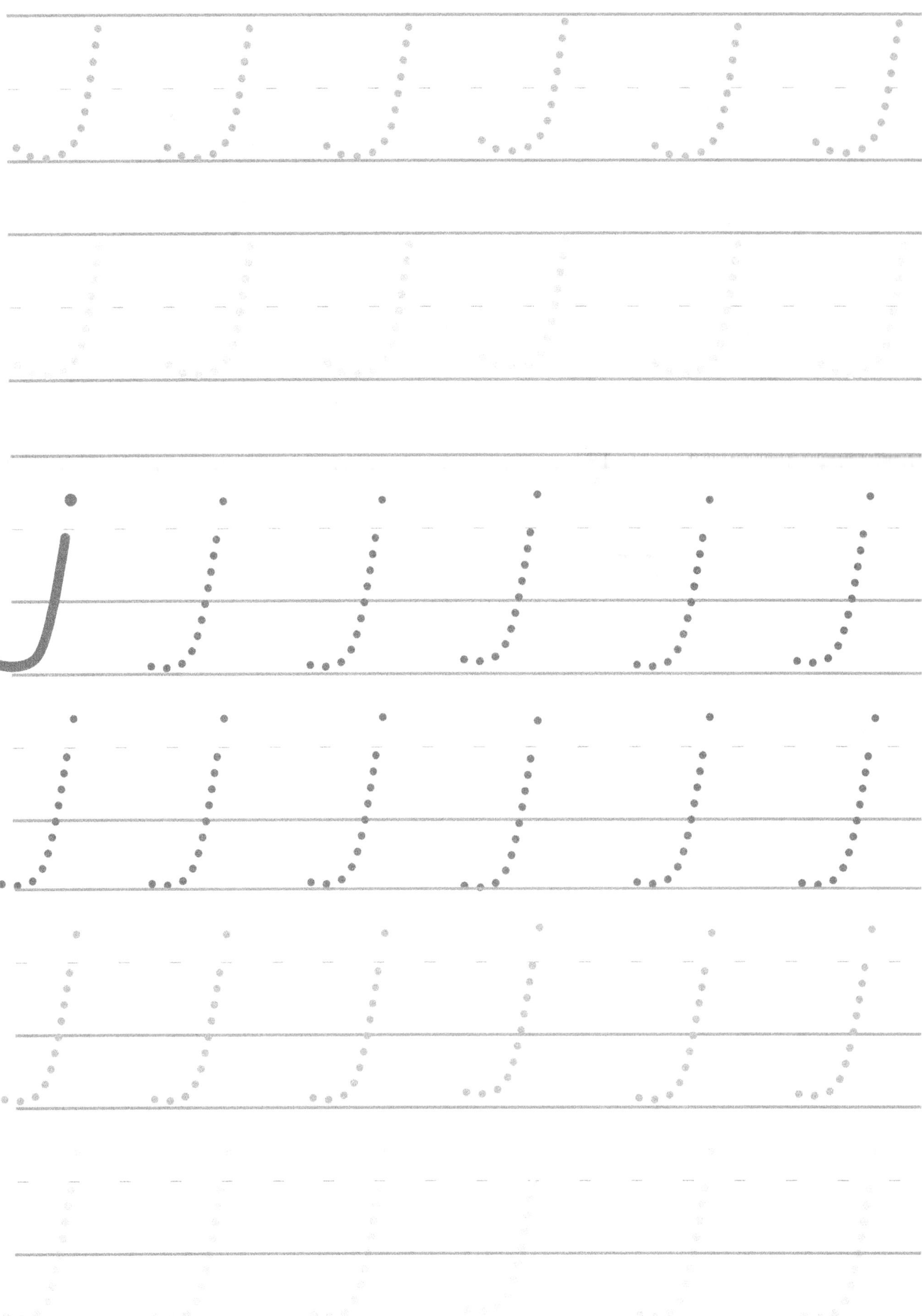

K k

Kangaroo

k

L l

Lion

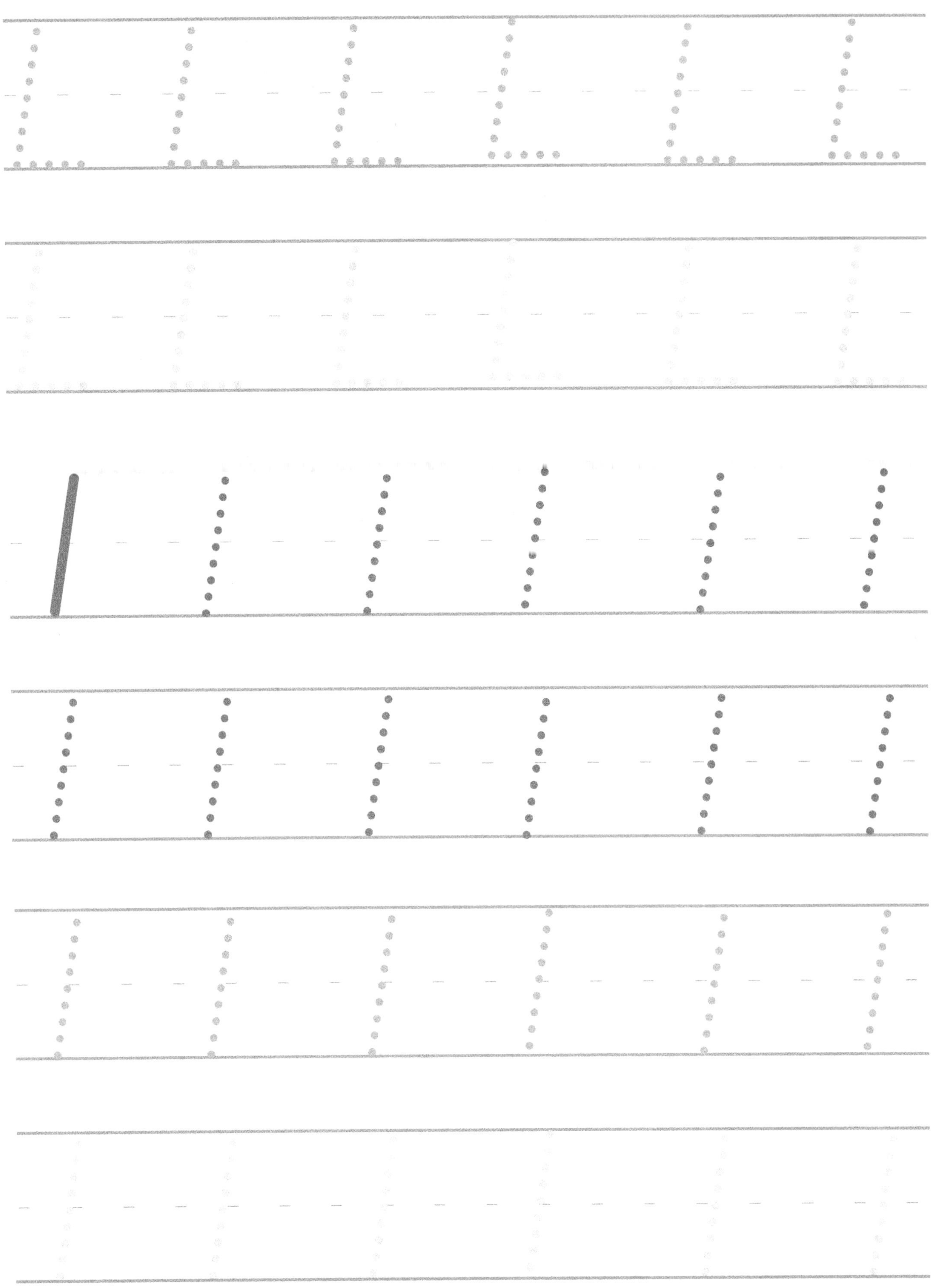

Mm

Mouse

M

Nn

Ninja

O o

Owl

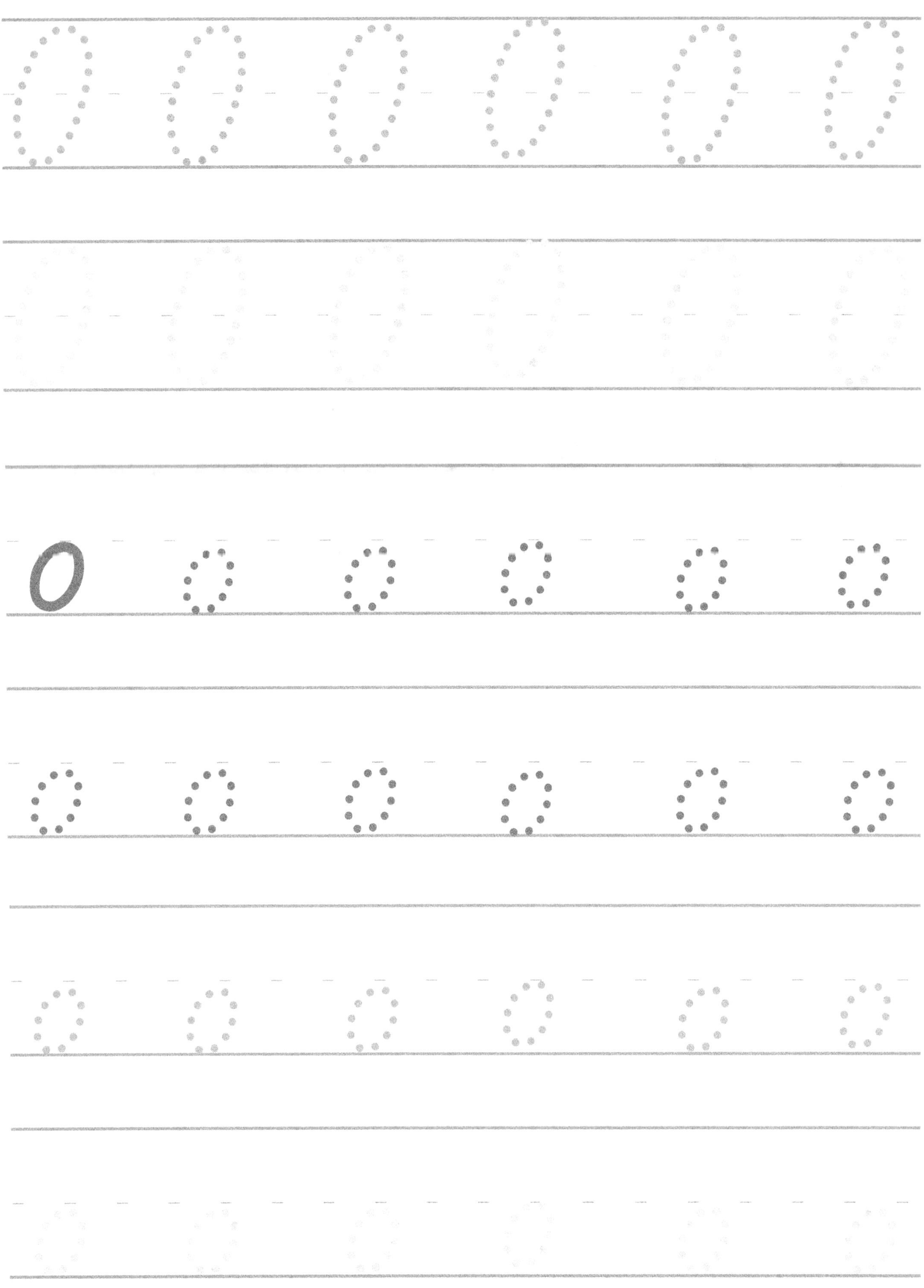

P p

Panda

p p p p p p

p p p p p p

p p p p p p

Queen

g

R r

Rocket

R

S s

School

S

T t

Tiger

T

t t t t t t

t t t t t t
t t t t t t
t t t t t t

Uu

Umbrella

V v

Violin

V

Ww

Whale

Xx

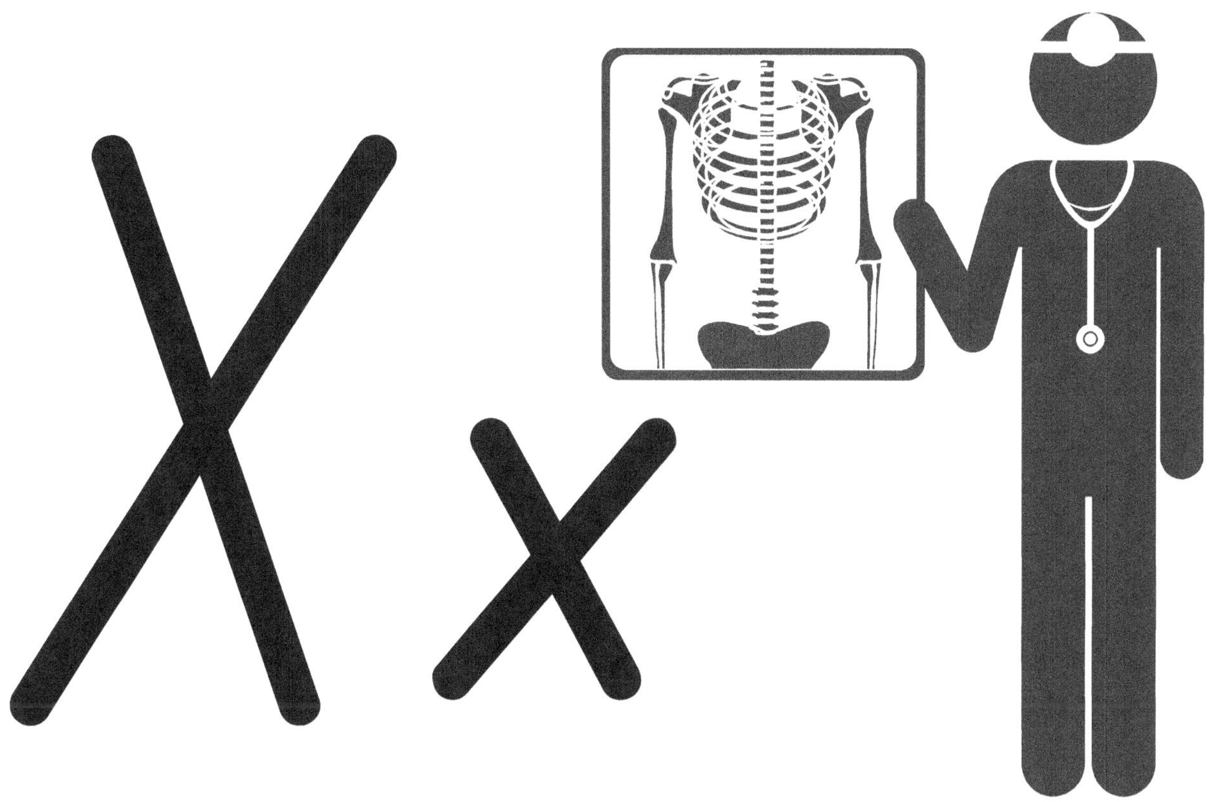

X-ray

Yy

Yacht

y

Z z

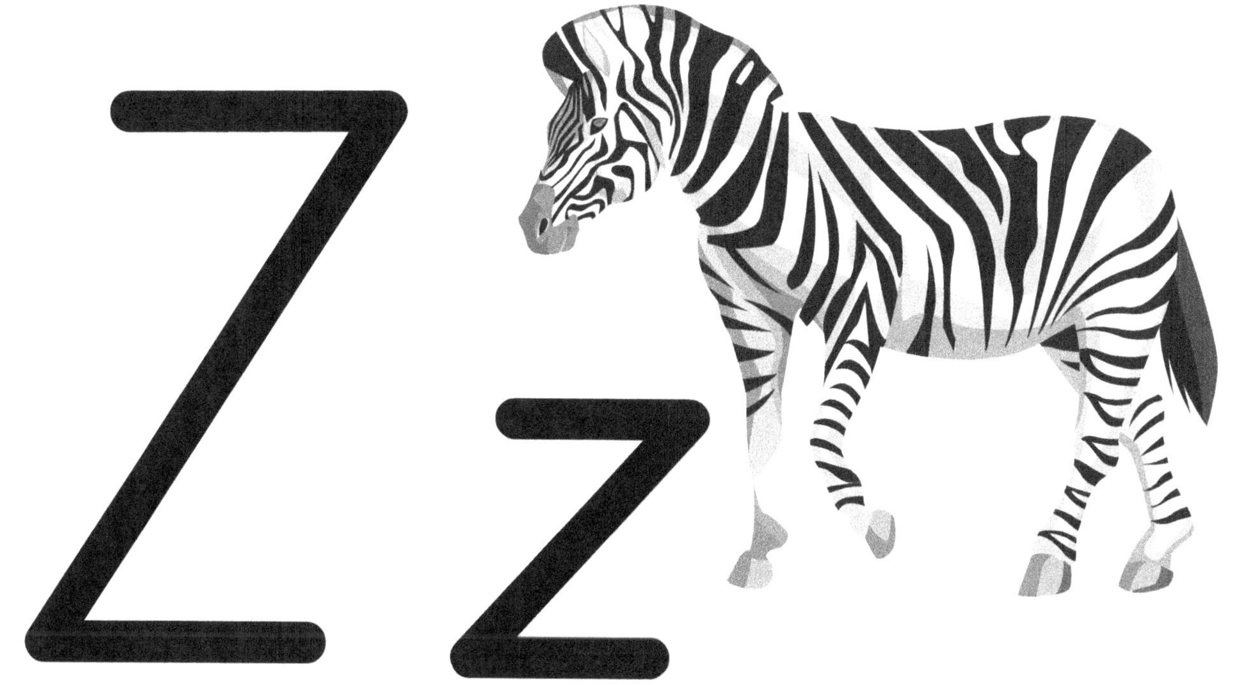

Zebra

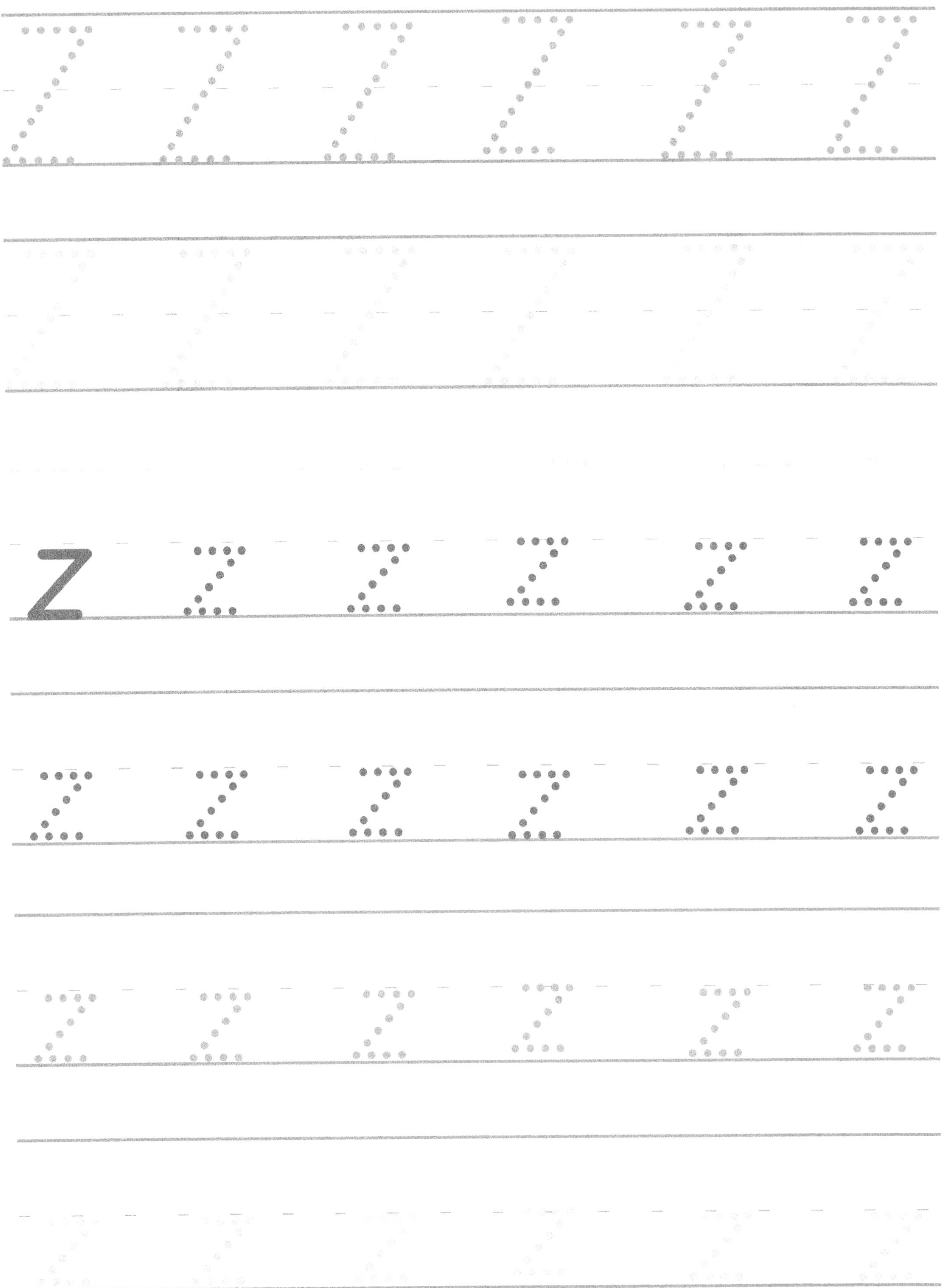

Numbers

Zero Zero

0 0 0 0 0

One   One

I

Two

2

Three Three

3

Four   Four

4

Five   Five

5   5   5   5

5   5   5   5

Six

Six

6

Seven Seven

7

Eight

8

Nine

9

EXERCISES

1- Complete the words:

Airplane

Umbrella

Monkey   Cat

Zebra   Whale

Violin

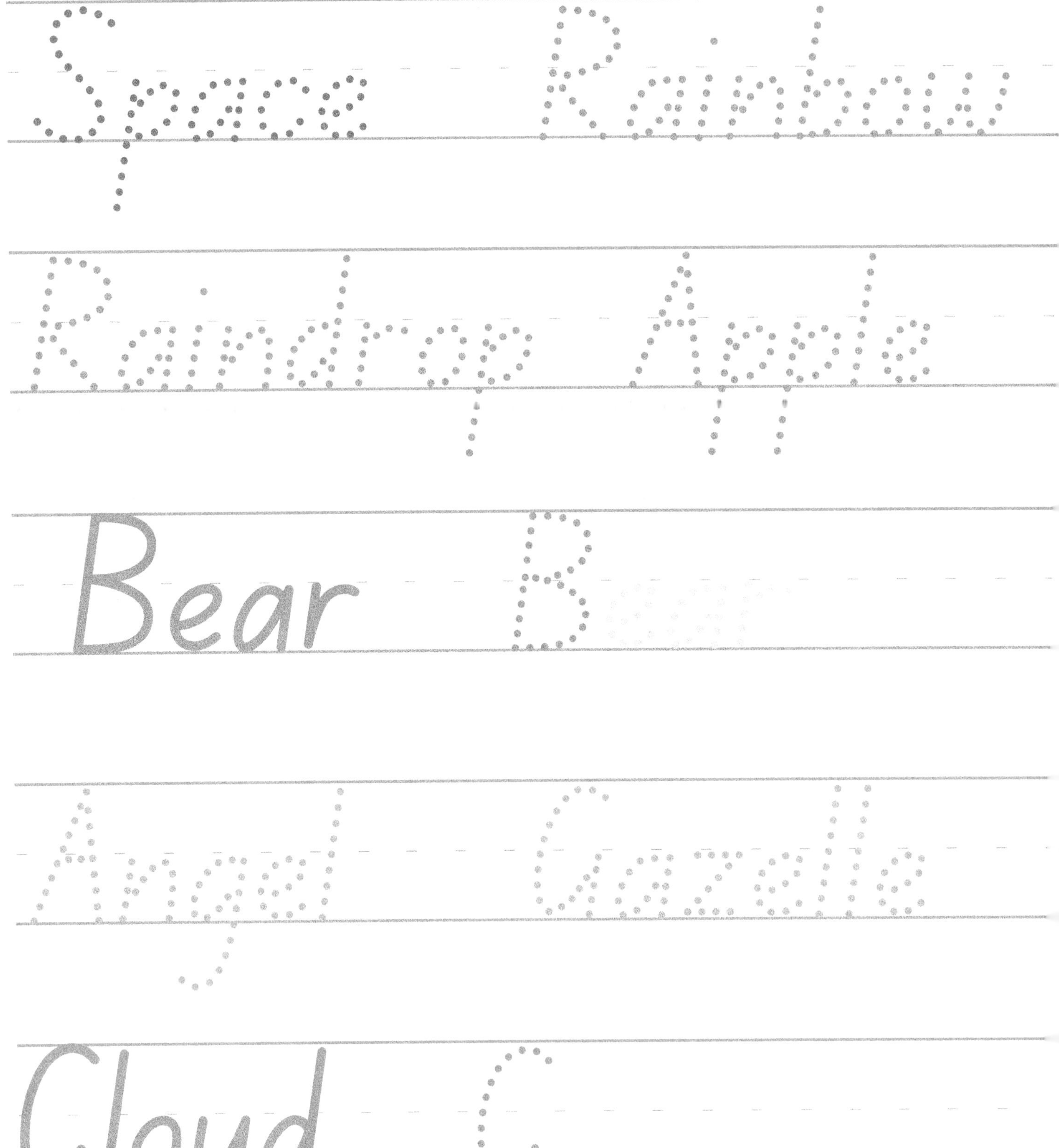

Space   Rainbow
Raindrop   Apple
Bear   B
Angel   Gazelle
Cloud   C

2- Check and write:

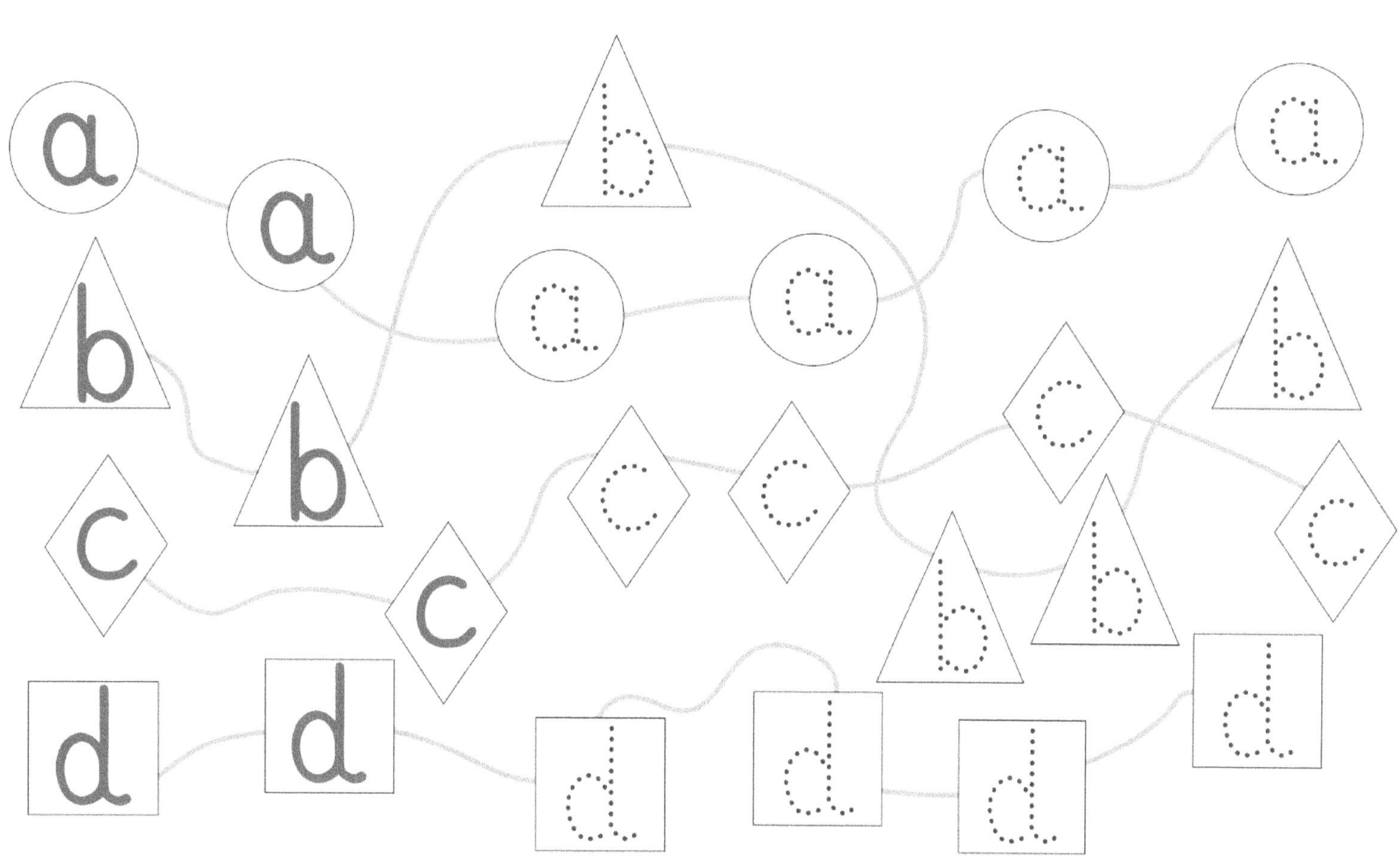

3- Follow and write:

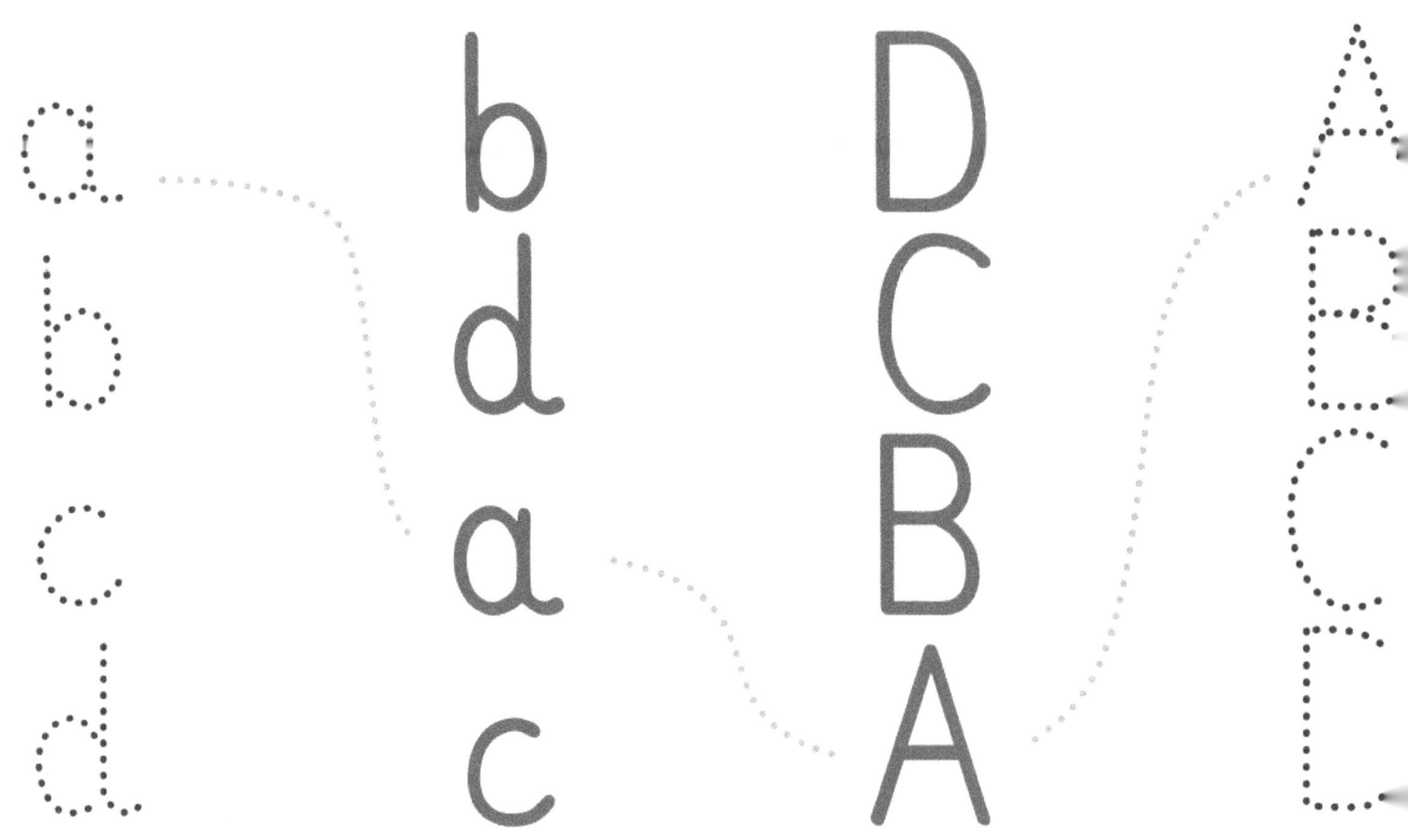

4- Follow and write:

Cat

Dog

Van

Bag

Ring

5- Write Numbers!

10 11 12 13 14 15

16 17 18 19 20 21

22 23 24 25 26

27 28 29 30 31

32 33 34 35 36

37 38 39 40 41

42 43 44 45 46

47 48 49 50 51

52 53 54 55 56

57 58 59 60 61

62 63 64 65 66

67 68 69 70 71

72 73 74 75 76

77 78 79 80 81

82 83 84 85 86

87 88 89 90

91 92 93 94

95 96 97 98

99 100

6- write Numbers:

One   Two   Three

Four   Five   Six

Twenty-one
Twenty-two
Twenty-three
Twenty-four
Twenty-five
Twenty-six
Twenty-seven
Twenty-eight

twenty-nine

Thirty Thirty-one

Thirty-two

Thirty-three

Thirty-four

Thirty-five

Thirty-six

Thirty-eight

Thirty-nine

Forty Forty-one

Forty-two

Forty-three

Forty-five

Forty-seven

Forty-eight

Thank you
for having this
trip with me.
Bye ... ^_^